Cambridge Plain Texts

LUIS DE LEÓN

POESÍAS ORIGINALES

T0346138

LUIS DE LEÓN

POESÍAS ORIGINALES

CAMBRIDGE
AT THE UNIVERSITY PRESS
1947

CAMBRIDGE UNIVERSITY PRESS
Cambridge, New York, Melbourne, Madrid, Cape Town,
Singapore, São Paulo, Delhi, Mexico City

Cambridge University Press
The Edinburgh Building, Cambridge CB2 8RU, UK

Published in the United States of America by Cambridge University Press, New York

www.cambridge.org
Information on this title: www.cambridge.org/9781107651517

© Cambridge University Press 1947

This publication is in copyright. Subject to statutory exception
and to the provisions of relevant collective licensing agreements,
no reproduction of any part may take place without the written
permission of Cambridge University Press.

First Edition 1925
Reprinted 1947
First published 1947
Re-issued 2013

A catalogue record for this publication is available from the British Library

ISBN 978-1-107-65151-7 Paperback

Cambridge University Press has no responsibility for the persistence or
accuracy of URLs for external or third-party internet websites referred to in
this publication, and does not guarantee that any content on such websites is,
or will remain, accurate or appropriate.

NOTE

LUIS DE LEÓN (1528–1591) was a typical Spaniard of the
Renaissance and the greatest of the Spanish Platonists.
Well-read in the Hebrew, Latin, Greek and Italian
Literatures, he was also a sincere lover of Italy. He be-
came an Augustinian (1543), professor in the University
of Salamanca (1561), and was imprisoned by the In-
quisition for nearly five years.

Despite some tendency to rhetoric, he excels as a
prose writer in *La Perfecta Casada*, *La Exposición del
Libro de Job*, and *Los Nombres de Cristo*, which last he
began when in prison. His fervent mysticism is seen
in the translation of the *Cantar de los Cantares*, which
gave a wealth of metaphor to his successors in mystic
expression. His small volume of poems was arranged
by him in three books: *Poesías originales*, *Traducciones
profanas*, *Traducciones sagradas*. As a translator of
Horace, of the Psalms and the Classics, he shows his
erudition and sympathetic insight, while in his *Poesías
originales* he shows the pure, simple style of a sensitive,
subjective poet with a lyric inspiration, and a real in-
stinct for self-expression. Many Spanish critics feel
that León is Spain's typical lyric poet. He combines
the pure harmony of classical form with sincerity and
feeling so deep, and a resignation and calm so fixed in
his profound faith, that perfect lyric feeling is produced
insensibly in the reader; writer and reader alike try to
bridge the gulf between this world and the next. Thus
he avoids the tendency of Spanish subjective poets to
record moments of triviality. The themes of lyric poets
in sixteenth century Spain were extremely limited, and
León, somewhat circumscribed in the prevailing fashion,

is the poet of Nature, Music and Mystic Union with God. He loved Nature intensely, and his constant metaphors (not direct descriptions) are the sea and the tempest, the seasons, the sun and the stars of Spanish days and nights. With these he paints a vision of another and better world.

His love of music is one of the brighter sides of his troubled life. Though he had a well-formed body, and bright green eyes ("ojos verdes i vivos"), he was ever delicate, and his life was full of troubles and disputes.

"Son increíbles las tristezas...del que padece," he cries. Amid his constant references to contemporary events, the hated Moors, his disputes and his imprisonment, he returns again and again to the problems of time and space, to the ultimate fount of knowledge and the secrets of the universe. He was a reserved, sad man in pain, who loved solitude and contemplation, wherein he could contrast the peace of the soul with the bustle of the world.

He knew the value of brevity, and the doctrine of Association of Ideas; the dominant notes of his original poems are concentration, intuition, and careful polish. His usual metre is the Italian lira (used by Garcilasso), lines of 11 and 7 syllables, generally grouped in stanzas of 5 lines.

The poems of the temperate and eclectic Augustinian were first published by Quevedo in 1631 to stem the tide of bad taste.

All doubtful poems are excluded from the text now published.

J. W. BARKER

October, 1924

LUIS DE LEÓN

POESÍAS ORIGINALES

VIDA RETIRADA

¡Qué descansada vida
la del que huye el mundanal ruído,
y sigue la escondida
senda por donde han ido
los pocos sabios que en el mundo han sido!
    Que no le enturbia el pecho
de los soberbios grandes el estado,
ni del dorado techo
se admira, fabricado
del sabio moro, en jaspes sustentado.
    No cura si la fama
canta con voz su nombre pregonera;
no cura si encarama
la lengua lisonjera
lo que condena la verdad sincera.
    ¿Qué presta a mi contento
si soy del vano dedo señalado,
si en busca de este viento
ando desalentado,
con ansias vivas y mortal cuidado?
    ¡Oh campo! ¡oh monte! ¡oh río!
¡oh secreto seguro y deleitoso!
roto casi el navío,
a vuestro almo reposo
huyo de aqueste mar tempestuoso.
    Un no rompido sueño,
un día puro, alegre, libre, quiero;
no quiero ver el ceño

vanamente severo
de quien la sangre ensalza o el dinero.
　　Despiértenme las aves
con su suave canto no aprendido;
no los cuidados graves
de que anda combatido
quien al ajeno arbitrio está atenido.
　　Vivir quiero conmigo,
gozar quiero del bien que debo al cielo,
a solas, sin testigo,
libre de amor, de celo,
de odio, de esperanza y de recelo.
　　Del monte en la ladera
por mi mano plantado tengo un huerto,
que con la primavera
de bella flor cubierto
ya muestra en esperanza el fruto cierto.
　　Y como codiciosa
de ver acrecentar su hermosura,
desde la cumbre airosa
una fontana pura
hasta llegar corriendo se apresura;
　　Y luego sosegada
el paso entre los árboles torciendo,
el suelo de pasada
de verdura vistiendo,
y con diversas flores va esparciendo.
　　El aire el huerto orea,
y ofrece mil olores al sentido;
los árboles menea
con un manso ruido
que del oro y del cetro pone olvido.
　　Ténganse su tesoro

los que de un flaco leño se confían;
no es mío ver el lloro
de los que desconfían
cuando el cierzo y el ábrego porfían.

    La combatida antena
cruje, y en ciega noche el claro día
se torna; al cielo suena
confusa vocería,
y la mar enriquecen a porfía.

    A mí una pobrecilla
mesa de amable paz bien abastada
me basta, y la vajilla
de fino oro labrada
sea de quien la mar no teme airada.

    Y mientras miserable-
mente se están los otros abrasando
en sed insaciable
del peligroso mando,
tendido yo a la sombra esté cantando.

    A la sombra tendido,
de yedra y lauro eterno coronado,
puesto el atento oído
al són dulce, acordado,
del plectro sabiamente meneado.

A DON PEDRO PORTOCARRERO

    Virtud, hija del cielo,
la más ilustre empresa de la vida,
en el escuro suelo
luz tarde conocida,
senda que guía al bien, poco seguida:
    Tú dende la hoguera
al cielo levantaste al fuerte Alcides,

tú en la más alta esfera
con las estrellas mides
al Cid, clara victoria de mil lides.
   Por tí el paso desvía
de la profunda noche, y resplandece
muy más (cual claro día)
de Leda el parto, y crece
el Córdoba a las nubes y florece.
   Y por su senda agora
traspasa luengo espacio con ligero
pié y ala voladora
el gran Portocarrero
osado de ocupar el bien primero.
   Del vulgo se descuesta,
hollando sobre el oro, firme aspira
a lo alto de la cuesta;
ni violencia de ira,
ni dulce y blando engaño le retira.
   Ni mueve más ligera,
ni más igual divide por derecha
el aire y fiel carrera
o la traciana flecha,
o la bola tudesca, un fuego hecha.
   En pueblo inculto y duro
induce poderoso igual costumbre,
y do se muestra escuro
el cielo enciende lumbre,
valiente a ilustrar más alta cumbre,
   Dichosos los que baña
el Miño, los que el mar monstruoso cierra
desde la fiel montaña
hasta el fin de la tierra,
los que desprecia de Ume la alta sierra.

A DON PEDRO PORTOCARRERO

La cana y alta cumbre
de Illíberi, clarísimo Carrero,
contiene en sí tu lumbre
ya casi un siglo entero,
y mucho en demasía
detiene nuestro gozo y alegría.

Los gozos que el deseo
figura ya en tu vuelta, y determina
ado vendrá el Lyéo,
y de la Cabalina
fuente la moradora,
y Apolo con la cítara cantora.

Bien eres generoso
pimpollo de ilustrísimos mayores;
mas esto, aunque glorioso,
son títulos menores,
que tú por tí venciendo
a par de las estrellas vas luciendo.

Y juntas en tu pecho
una suma de bienes peregrinos,
por donde con derecho
nos colmas de divinos
gozos con tu presencia,
y de cuidados tristes con tu ausencia.

Porque te ha salteado
en medio de la paz la cruda guerra,
que agora el Marte airado
despierta en la alta sierra,
lanzando rabia y sañas
en las infieles bárbaras entrañas.

Do mete a sangre y fuego

mil pueblos el morisco descreído,
a quien ya perdón ciego
hubimos concedido,
a quien en santo baño
tenemos para nuestro mayor daño;
    Para que el nombre amigo
(¡ay piedad cruel!) desconociese
el ánimo enemigo,
y así más ofendiese:
mas tal es la fortuna
que no sabe durar en cosa alguna.
    Ansí la luz que agora
serena relucía, con nublados
veréis negra a deshora,
y los vientos alados
amontonando luego
nubes, lluvias, horrores, trueno y fuego.
    Mas tú, que solamente
temes al claro Alfonso, que inducido
de la virtud ardiente
del pecho no vencido,
por lo más peligroso
se lanza discurriendo victorioso;
    Como en la ardiente arena
el líbico león las cabras sigue,
las haces desordena
y rompe, y las persigue
armado relumbrando
la vida por la gloria aventurando.
    Testigo es la fragosa
Poqueira, cuando él solo, y traspasado
con flecha ponzoñosa
sostuvo denodado,

y convirtió en huída
mil banderas de gente descreída.
   Mas sobre todo cuando
los dientes de la muerte agudos, fiera
apenas declinando,
alzó nueva bandera,
mostró bien claramente
del valor no vencible lo excelente.
   Él pues relumbre claro
sobre sus claros padres, mas tú en tanto,
dechado de bien raro,
abraza el ocio santo,
que mucho son mejores
los frutos de la paz y muy mayores.

A DON PEDRO PORTOCARRERO

   No siempre es poderosa,
Carrero, la maldad, ni siempre atina
la envidia ponzoñosa:
y la fuerza sin ley, que más se empina,
al fin la frente inclina,
que quien se opone al cielo,
cuando más alto sube, viene al suelo.
   Testigo es manifiesto
el parto de la tierra mal osado,
que cuando tuvo puesto
un monte encima de otro y levantado
al hondo derrocado
sin esperanza, gime
debajo su edificio que le oprime.
   Si ya la niebla fría
al rayo que amanece odiosa ofende,
y contra el claro día

las alas escurísimas extiende,
no alcanza lo que emprende
al fin, y desparece;
y el sol puro en el cielo resplandece.
  No pudo ser vencida,
ni lo será jamás, ni la llaneza,
ni la inocente vida,
ni la fe sin error, ni la pureza,
por más que la fiereza
del tigre ciña un lado,
y el otro el basilisco emponzoñado.
  Por más que se conjuren
el odio, y el poder, y el falso engaño,
y ciegos de ira, apuren
lo propio y lo diverso, ajeno, extraño,
jamás le harán daño;
antes, como fino oro
recobra del crisol nuevo tesoro.
  El ánimo constante,
armado de verdad, mil aceradas,
mil puntas de diamante
embota y enflaquece, y desplegadas
las fuerzas encerradas
sobre el opuesto bando
con poderoso pié se ensalza hollando.
  Y con cien voces suena
la fama, que a la sierpe, al tigre fiero
vencidos los condena
al daño no jamás perecedero;
y con vuelo ligero
viniendo la victoria
corona al vencedor de gozo y gloria.

A FRANCISCO SALINAS CATEDRÁTICO DE MÚSICA DE LA UNIVERSIDAD DE SALAMANCA

El aire se serena
y viste de hermosura y luz no usada,
Salinas, cuando suena
la música extremada
por vuestra sabia mano gobernada.

A cuyo són divino
el alma que en olvido está sumida,
torna a cobrar el tino,
y memoria perdida
de su origen primera esclarecida.

Y como se conoce,
en suerte y pensamientos se mejora;
el oro desconoce
que el vulgo ciego adora,
la belleza caduca engañadora.

Traspasa el aire todo
hasta llegar a la más alta esfera,
y oye allí otro modo
de no perecedera
música, que es de todas la primera.

Ve cómo el gran maestro
a aquesta inmensa cítara aplicado,
con movimiento diestro
produce el són sagrado,
con que este eterno templo es sustentado.

Y como está compuesta
de números concordes, luego envía
consonante respuesta,
y entrambas a porfía
mezclan una dulcísima armonía.

Aquí la alma navega
por un mar de dulzura, y finalmente
en él así se anega,
que ningún accidente
extraño y peregrino oye y siente.
    ¡Oh desmayo dichoso!
¡oh muerte que das vida! ¡oh dulce olvido!
¡durase en tu reposo
sin ser restituído
jamás a aqueste bajo y vil sentido
    A aqueste bien os llamo,
gloria del apolíneo sacro coro,
amigo, a quien amo
sobre todo tesoro;
que todo lo demás es triste lloro.
    ¡Oh! suene de contino,
Salinas, vuestro són en mis oídos,
por quien al bien divino
despiertan los sentidos,
quedando a lo demás adormecidos.

EN EL NACIMIENTO DE DOÑA TOMASINA, HIJA DEL MARQUÉS DE ALCAÑICES D. ALVARO DE BORJA, Y DOÑA ELVIRA ENRIQUEZ

Inspira nuevo canto,
Calíope, en mi pecho en este día,
que de los Borjas canto
y Enriquez la alegría,
y el rico don que el cielo les envía.
    Hermoso sol luciente,
que el día traes y llevas rodeado
de luz resplandeciente

más de lo acostumbrado,
sal, y verás nacido tu traslado.
    O si te place agora
en la región contraria hacer manida,
detente allá en buen hora,
que con la luz nacida
podrá ser nuestra esfera esclarecida.
    Alma divina, en velo
de femeniles velos encerrada,
cuando veniste al suelo
robaste de pasada
la celestial riquísima morada.
    Diéronte bien sin cuento
con voluntad concorde y amorosa
quien rige el movimiento
sexto, con la diosa
que en la tercera rueda es poderosa.
    De tu belleza rara
el envidioso viejo mal pagado
torció el paso y la cara;
y el fiero Marte airado
el camino dejó desocupado.
    Y el rojo y crespo Apolo,
que tus pasos guiando descendía
contigo al bajo polo,
la cítara hería,
y con divino canto así decía;
    Desciende en punto bueno,
espíritu real, al cuerpo hermoso,
que en el ilustre seno
está ya deseoso
de dar a tu valor digno reposo.
    El te dará la gloria,

que en el terreno cerco es más tenida,
de abuelos larga historia,
por quien la no sumida
nave, por quien la España fué regida.
    Tú dale, en cambio de esto,
de los eternos bienes la nobleza,
deseo alto, honesto,
generosa grandeza,
claro saber, fe llena de pureza.
    En su rostro se vean
de tu beldad sin par vivas señales,
los sus dos ojos sean
dos luces celestiales,
que guíen al bien sumo a los mortales.
    El cuerpo delicado
como cristal lucido y transparente,
tu gracia y bien sagrado,
tu luz, tu continente,
a sus dichosos siglos represente.
    La soberana abuela
dechado de virtud y de hermosura,
la tía, de quien vuela
la fama, en quien la dura
muerte mostró lo poco que el bien dura:
    Con todas cuantas precio
de gracia y belleza hayan tenido,
serán por tí en desprecio,
y puestas en olvido
cual hace la verdad con lo fingido.
    ¡Ay, tristes! ¡ay, dichosos
los ojos que te vieren! huyan luego,
si fueren poderosos,
antes que prenda el fuego
contra quien no valdrá ni oro ni ruego.

Ilustre y tierna planta,
dulce gozo de tronco generoso,
creciendo te levanta
a estado el más dichoso,
de cuantos dió ya el cielo venturoso.

A FELIPE RUIZ DE LA TORRE Y MOTA
De la Avaricia

En vano el mar fatiga
la vela portuguesa, que ni el seno
de Persia, ni la amiga
Maluca da árbol bueno,
que pueda hacer un ánimo sereno.
No da reposo al pecho,
Felipe, ni la mina, ni la rara
esmeralda provecho,
que más tuerce la cara
cuanto posee más el alma avara.
Al capitán romano
la vida, y no la sed quitó el bebido
tesoro persiano,
y Tántalo metido
en medio de las aguas afligido
De sed está: y más dura
la suerte es del mezquino, que sin tasa
se cansa ansí, y endura
el oro, y la mar pasa
osado, y no osa abrir la mano escasa.
¿Qué vale el no tocado
tesoro, si corrompe el dulce sueño,
si estrecha el ñudo dado
si más enturbia el ceño,
y deja en la riqueza pobre al dueño?

A FELIPE RUIZ DE LA TORRE Y MOTA

¿Cuándo será que pueda
libre de esta prisión volar al cielo,
Felipe, y en la rueda
que huye más del suelo,
contemplar la verdad pura sin velo?

   Allí a mi vida junto
en luz resplandeciente convertido,
veré distinto y junto,
lo que es, y lo que ha sido,
y su principio propio y escondido.

   Entonces veré cómo
la soberana mano echó el cimiento
tan a nivel y plomo,
dó estable y firme asiento
posee el pesadísimo elemento.

   Veré las inmortales
columnas do la tierra está fundada,
las lindes y señales
con que a la mar hinchada
la Providencia tiene aprisionada.

   Por qué tiembla la tierra,
por qué las hondas mares se embravecen,
dó sale a mover guerra
el cierzo, y por qué crecen
las aguas del océano y descrecen.

   De dó manan las fuentes;
quién ceba, y quién bastece de los ríos
las perpetuas corrientes;
de los helados fríos
veré las causas, y de los estíos.

Las soberanas aguas
del aire en la región quién las sostiene;
de los rayos las fraguas;
dó los tesoros tiene
de nieve Dios, y el trueno dónde viene.

¿No ves cuando acontece
turbarse el aire todo en el verano?
el día se ennegrece,
sopla el gallego insano,
y sube hasta el cielo el polvo vano;

Y entre las nubes mueve
su carro Dios, ligero y reluciente;
horrible són conmueve,
relumbra fuego ardiente,
treme la tierra, humíllase la gente.

La lluvia baña el techo,
envían largos ríos los collados;
su trabajo deshecho,
los campos anegados
miran los labradores espantados.

Y de allí levantado
veré los movimientos celestiales,
así el arrebatado
como los naturales,
las causas de los hados, las señales.

Quién rige las estrellas
veré, y quién las enciende con hermosas
y eficaces centellas;
por qué están las dos osas,
de bañarse en el mar siempre medrosas.

Veré este fuego eterno
fuente de vida y luz, dó se mantiene;
y por qué en el invierno

tan presuroso viene;
quién en las noches largas le detiene.
   Veré sin movimiento
en la más alta esfera las moradas
del gozo y del contento,
de oro y de luz labradas,
de espíritus dichosos habitadas.

A FELIPE RUIZ DE LA TORRE Y MOTA

Del moderado y constante

   ¿Qué vale cuanto vee
do nace y do se pone el sol luciente,
lo que el indio posee,
lo que da el claro Oriente
con todo lo que afana la vil gente?
   El uno mientras cura
dejar rico descanso a su heredero,
vive en pobreza dura,
y perdona al dinero,
y contra sí se muestra cruel y fiero.
   El otro que sediento
anhela al señorío, sirve ciego,
y por subir su asiento,
abájase a vil ruego,
y de la libertad va haciendo entrego.
   Quien de dos claros ojos,
y de un cabello de oro se enamora,
compra con mil enojos
una menguada hora,
un gozo breve que sin fin se llora.
   Dichoso el que se mide,
Felipe, y de la vida el gozo bueno
a sí solo lo pide;

y mira como ajeno
aquello que no está dentro en su seno.
   Si resplandece el día,
si Éolo su reino turba en saña,
el rostro no varía;
y si la alta montaña
encima le viniere, no le daña.
   Bien como la ñudosa
carrasca, en alto risco desmochada
con hacha poderosa,
del ser despedazada
del hierro torna rica y esforzada.
   Querrás hundirle, y crece
mayor que de primero; y si porfía
la lucha, más florece,
y firme al suelo envía
al que por vencedor ya se tenía.
   Exento a todo cuanto
presume la fortuna, sosegado
está, y libre de espanto
ante el tirano airado,
de hierro, de crueza, y fuego armado.
   El fuego, dice, enciende,
aguza el hierro crudo, rompe y llega,
y si me hallares, prende,
y da a tu hambre ciega
su cebo deseado, y la sosiega.
   ¿Qué estás? ¿no ves el pecho
desnudo, flaco, abierto? ¡oh! ¿no te cabe
en puño tan estrecho
el corazón, que sabe
cerrar cielos y tierra con su llave?
   Ahonda más adentro,

desvuelve las entrañas, el insano
puñal penetra al centro;
mas es trabajo vano,
jamás me alcanzará tu corta mano.
   Rompiste mi cadena
ardiendo por prenderme; al gran consuelo
subido he por tu pena;
ya suelto encumbro el vuelo,
traspaso sobre el aire, huello el cielo.

AL LICENCIADO JUAN DE GRIAL

   Recoge ya en el seno
el campo su hermosura, el cielo aoja
con luz triste el ameno
verdor, y hoja a hoja
las cimas de los árboles despoja.
   Ya Febo inclina el paso
al resplandor Egeo; ya del día
las horas corta escaso;
ya Éolo al medio día
soplando espesas nubes nos envía.
   Ya el ave vengadora
del Ibico navega los nublados.
y con voz ronca llora;
y el yugo al cuello atados
los bueyes van rompiendo los sembrados.
   El tiempo nos convida
a los estudios nobles, y la fama,
Grial, a la subida
del sacro monte llama,
do no podrá subir la postrer llama.
   Alarga el bien guiado
paso, y la cuesta vence, y sólo gana

la cumbre del collado;
y do más pura mana
la fuente, satisfaz tu ardiente gana.
   No cures si el perdido
error admira el oro, y va sediento
en pos de un bien fingido,
que no ansí vuela el viento,
cuanto es fugaz y vano aquel contento.
   Escribe lo que Febo
te dicta favorable, que lo antigo
iguala, y pasa el nuevo
estilo; y, caro amigo,
no esperes que podré atener contigo.
   Que yo de un torbellino
traidor acometido, y derrocado
de en medio del camino
al hondo, el plectro amado,
y del vuelo las alas he quebrado.

PROFECÍA DEL TAJO

   Folgaba el Rey Rodrigo
con la hermosa Cava en la ribera
del Tajo sin testigo;
el pecho sacó fuera
el río, y le habló de esta manera:
   En mal punto te goces,
injusto forzador; que y el sonido
oyo ya, y las voces,
las armas y el bramido
de Marte, de furor y ardor ceñido.
   ¡Ay! esa tu alegría
qué llantos acarrea, y esa hermosa
(que vió el sol en mal día)

a España, ¡ay! cuán llorosa,
y al cetro de los Godos cuán costosa!
  Llamas, dolores, guerras,
muertes, asolamientos, fieros males
entre tus brazos cierras,
trabajos inmortales
a tí y a tus vasallos naturales,
  A los que en Constantina
rompen el fértil suelo, a los que baña
el Ebro, a la vecina
Sansueña, a Lusitaña,
a toda la espaciosa y triste España.
  Ya dende Cádiz llama
el injuriado Conde a la venganza
atento, y no a la fama,
la bárbara pujanza,
en quien para tu daño no hay tardanza.
  Oye que al cielo toca
con temeroso són la trompa fiera,
que en Africa convoca
el moro a la bandera,
que al aire desplegada va ligera.
  La lanza ya blandea
el árabe cruel, y hiere el viento,
llamando a la pelea;
innumerable cuento
de escuadras juntas veo en un momento.
  Cubre la gente el suelo,
debajo de las velas desparece
la mar, la voz al cielo
confusa y varia crece,
el polvo roba el día, y le escurece.
  ¡Ay! que ya presurosos

suben las largas naves; ¡ay! que tienden
los brazos vigorosos
a los remos, y encienden
las mares espumosas por do hienden.
   El Éolo derecho
hinche la vela en popa, y larga entrada
por el hercúleo estrecho
con la punta acerada
el gran padre Neptuno da a la armada.
   ¡Ay triste! ¿y aún te tiene
el mal dulce regazo? ¿ni llamado
al mal que sobreviene
no acorres? ¿ocupado
no ves ya el puerto de Hércules sagrado?
   Acude, acorre, vuela,
traspasa la alta sierra, ocupa el llano,
no perdones la espuela,
no des paz a la mano,
menea fulminando el hierro insano.
   ¡Ay! cuánto de fatiga,
¡ay! cuánto de sudor está presente
al que viste loriga,
al infante valiente
a hombres y a caballos juntamente!
   Y tú, Betis divino,
de sangre ajena y tuya amancillado,
darás al mar vecino
¡cuánto yelmo quebrado!
¡cuánto cuerpo de nobles destrozado!
   El furibundo Marte
cinco luces las haces desordena,
igual a cada parte;
la sexta, ¡ay! te condena,
oh cara patria, a bárbara cadena.

A DIEGO LOARTE

NOCHE SERENA

Cuando contemplo el cielo
de innumerables luces adornado,
y miro hacia el suelo
de noche rodeado,
en sueño y en olvido sepultado:
  El amor y la pena
despiertan en mi pecho una ansia ardiente;
despiden larga vena
los ojos hechos fuente;
¡Oh Loarte! y digo al fin con voz doliente:
  Morada de grandeza,
templo de claridad y hermosura,
el alma que a tu alteza
nació, ¿qué desventura
la tiene en esta cárcel baja, escura?
  ¿Qué mortal desatino
de la verdad aleja así el sentido,
que, de tu bien divino
olvidado, perdido
sigue la vana sombra, el bien fingido?
  El hombre está entregado
al sueño, de su suerte no cuidando,
y con paso callado
el cielo vueltas dando
las horas del vivir le va hurtando.
  ¡Ay! despertad, mortales;
mirad con atención en vuestro daño;
¿las almas inmortales
hechas a bien tamaño
podrán vivir de sombra, y de engaño?

¡Ay! levantad los ojos
a aquesta celestial eterna esfera,
burlaréis los antojos
de aquesa lisonjera
vida, con cuanto teme y cuanto espera.

   ¿Es más que un breve punto
el bajo y torpe suelo, comparado
con ese gran trasumpto,
do vive mejorado
lo que es, lo que será, lo que ha pasado?

   Quien mira el gran concierto
de aquestos resplandores eternales,
su movimiento cierto,
sus pasos desiguales,
y en proporción concorde tan iguales:

   La luna cómo mueve
la plateada rueda, y va en pos de ella
la luz do el saber llueve,
y la graciosa estrella
de amor le sigue reluciente y bella:

   Y cómo otro camino
prosigue el sanguinoso Marte airado,
y el Júpiter benino,
de bienes mil cercado,
serena el cielo con su rayo amado:

   Rodéase en la cumbre
Saturno, padre de los siglos de oro;
tras él la muchedumbre
del reluciente coro
su luz va repartiendo y su tesoro:

   ¿Quién es el que esto mira,
y precia la bajeza de la tierra,
y no gime y suspira

y rompe lo que encierra
el alma, y de estos bienes la destierra?
   Aquí vive el contento,
aquí reina la paz; aquí asentado
en rico y alto asiento
está el amor sagrado
de glorias y deleites rodeado.
   Inmensa hermosura
aquí se muestra toda; y resplandece
clarísima luz pura,
que jamás anochece;
eterna primavera aquí florece,
   ¡Oh campos verdaderos!
¡oh prados con verdad frescos y amenos!
¡riquísimos mineros!
¡Oh deleitosos senos!
¡repuestos valles de mil bienes llenos!

CONTRA UN JUEZ AVARO

   Aunque en ricos montones
levantes el cautivo inútil oro;
y aunque tus posesiones
mejores con ajeno daño y lloro;
   Y aunque cruel tirano
oprimas la verdad; y tu avaricia
vestida en nombre vano
convierta en compra y venta la justicia;
   Y aunque engañes los ojos
del mundo, a quien adoras, no por tanto,
no nacerán abrojos
agudos en tu alma, ni el grave espanto
   No velará en tu lecho;
ni escucharás la cuita y agonía

del último despecho;
ni la esperanza buena, en compañía
   Del gozo, tus umbrales
penetrará jamás, ni la Meguera
con llamas infernales
con serpentino azote la alta y fiera
   Y diestra mano armada,
saldrá de tu aposento sola una hora;
¡ay! ni tendrás clavada
la rueda, aunque más puedas, voladora
   Del tiempo hambriento y crudo,
que viene con la muerte conjurado,
a dejarte desnudo
del oro y cuanto tienes más amado;
   Y quedarás sumido
en males no finibles, y en olvido.

AL APARTAMIENTO

   ¡Oh ya seguro puerto
de mi tan luengo error! ¡oh deseado
para reparo cierto
del grave mal pasado!
¡reposo alegre, dulce, reposado!
   Techo pajizo, adonde
jamás hizo morada el enemigo
cuidado, ni se esconde
envidia en rostro amigo,
ni voz perjura, ni mortal testigo:
   Sierra que vas al cielo
altísima, y que gozas del sosiego
que no conoce el suelo,
adonde el vulgo ciego
ama el morir ardiendo en vivo fuego:
   Recíbeme en tu cumbre,

recíbeme que huyo perseguido
la errada muchedumbre,
el trabajo perdido,
la falsa paz, el mal no merecido.
   Y do está más sereno
el aire me coloca, mientras curo
los daños del veneno
que bebí mal seguro,
mientras el mancillado pecho apuro;
   Mientras que poco a poco
borro de la memoria cuanto impreso
dejó allí el vivir loco
por todo su proceso
vario entre gozo vano, y casi avieso.
   En tí, casi desnudo
de este corporal velo, y de la asida
costumbre roto el ñudo,
traspasaré la vida
en gozo, en paz, en luz no corrompida
   De tí, en el mar sujeto
con lástima los ojos inclinando,
contemplaré el aprieto
del miserable bando,
que las saladas olas va cortando.
   El uno, que surgía
alegre ya en el puerto, salteado
de bravo soplo, guía
en alto mar lanzado
apenas el navío desarmado.
   El otro en la cubierta
peña rompe la nave, que al momento
el hondo pide abierta;
al otro calma el viento;

otro en las bajas sirtes hace asiento.
  A los otros roba el claro
día, y el corazón el aguacero;
ofrecen al avaro
Neptuno su dinero;
otro nadando huye el morir fiero.
  Esfuerza, opone el pecho:
mas ¿cómo será parte un afligido
que va, el leño deshecho,
de flaca tabla asido
contra un abismo inmenso embravecido?
  ¡Ay, otra vez y ciento
otras, seguro puerto deseado!
no me falte tu asiento,
y falte cuanto amado,
cuanto del ciego error es codiciado.

MORADA DEL CIELO

  Alma región luciente,
prado de bienandanza, que ni al hielo
ni con el rayo ardiente
falleces, fértil suelo,
producidor eterno de consuelo:
  De púrpura y de nieve
florida la cabeza, coronado,
a dulces pastos mueve
sin honda ni cayado,
el buen Pastor en tí su hato amado.
  Él va, y en pos dichosas
le siguen sus ovejas, do las pace
con inmortales rosas,
con flor que siempre nace,
y cuanto más se goza, más renace.

Ya dentro a la montaña
del alto bien las guía; ya en la vena
del gozo fiel las baña,
y les da mesa llena,
pastor y pasto él solo, y suerte buena.

Y de su esfera cuando
la cumbre toca altísimo subido
el sol, él sesteando
de su hato ceñido
con dulce són deleita el santo oído.

Toca el rabel sonoro,
y el inmortal dulzor al alma pasa,
con que envilece el oro,
y ardiendo se traspasa,
y lanza en aquel bien libre de tasa.

¡Oh són! ¡oh voz! ¡siquiera
pequeña parte alguna descendiese
en mi sentido, y fuera
de sí el alma pusiese
y toda en tí, ¡oh amor! la convirtiese!

Conocería dónde
sesteas, dulce Esposo, y desatada
de esta prisión adonde
padece, a tu manada
viviré junta sin vagar errada.

EN LA ASCENSIÓN

¿Y dejas, Pastor santo,
tu grey en este valle hondo, escuro,
con soledad y llanto,
y tú, rompiendo el puro
aire, te vas al inmortal seguro?

Los antes bienhadados,

y los agora tristes y afligidos,
a tus pechos criados,
de tí desposeídos,
¿adó convertirán ya sus sentidos?
   ¿Qué mirarán los ojos
que vieron de tu rostro la hermosura,
que no les sea enojos?
quien oyó tu dulzura,
¿qué no tendrá por sordo y desventura?
   A aqueste mar turbado
¿quién le pondrá ya freno? ¿quién concierto
al viento fiero, airado,
estando tú encubierto?
¿qué norte guiará la nave al puerto?
   ¡Ay! nube envidïosa
aun de este breve gozo ¿qué te aquejas?
¿dó vuelas presurosa?
¡cuán rica tú te alejas!
¡cuán pobres y cuán ciegos ¡ay! nos dejas!

A SANTIAGO

   Las selvas conmoviera,
las fieras alimañas como Orfeo,
si ya mi canto fuera
igual a mi deseo
cantando el nombre santo Zebedeo;
   Y fueran sus hazañas
por mí con voz eterna celebradas,
por quien son las Españas
del yugo desatadas
del bárbaro furor, y libertadas;
   Y aquella nao dichosa,
de el cielo esclarecer merecedora,

que joya tan preciosa
nos trajo, fuera agora
contada del que en Scitia y Cairo mora.
    Osa el cruel tirano
ensangrentar en tí su injusta espada:
no fué consejo humano,
estaba a tí ordenada
la primera corona y consagrada.
    La fe que a Cristo diste
con presta diligencia has ya cumplido;
del su cáliz bebiste,
apenas que subido
al cielo retornó, de tí partido.
    No sufre larga ausencia,
no sufre, no, el amor que es verdadero;
la muerte y su inclemencia
tiene por muy ligero
medio, por ver al dulce compañero.
    ¡Oh viva fe constante!
¡oh verdadero pecho, amor crecido!
un punto de su amante
no vive dividido,
síguele por los pasos que había ido,
    Cual suele el fiel sirviente
si en medio la jornada le han dejado,
que haciendo prestamente
lo que le fué mandado,
torna buscando al amo ya alejado,
    Así entregado al viento
del mar Egeo al mar Atlante vuela,
do puesto el fundamento
de la cristiana escuela,
torna buscando a Cristo a remo y vela.

Allí por la maldita
mano el sagrado cuello fué cortado....
Camina en paz, bendita
alma, que ya has llegado
al término por tí tan deseado.

A España, a quien amaste
(que siempre al buen principio el fin responde),
tu cuerpo le enviaste
para dar luz adonde
el sol su claridad cubre y esconde.

Por las tendidas mares
la rica navecilla va cortando;
Nereidas a millares
del agua el pecho alzando,
turbadas entre sí la van mirando.

Y de ellas hubo alguna
que, con las manos de la nave asida
la aguija con la una,
y con la otra tendida
a las demás que alleguen las convida.

Ya pasa del Egeo,
vuela por el Ionio, atrás ya deja
el puerto Lilibeo,
de Córcega se aleja,
y por llegar a nuestro mar se aqueja.

Esfuerza, viento, esfuerza,
hinche la santa vela, embiste en popa,
el viento; haz que no tuerza,
do Abila casi topa
con Calpe, hasta llegar al fin de Europa.

Y tú, España, segura
del mal y cautiverio que te espera,
con fe y voluntad pura

ocupa la ribera;
recibirás tu guarda verdadera.
    Que tiempo será, cuando
de innumerables huestes rodeada,
del cetro real y mando
te verás derrocada
en sangre, en llanto y en dolor bañada.
    De hacia el Mediodía
oye que ya la voz amarga suena,
la mar de Berbería
de flotas veo llena,
hierve la costa en gente, en sol la arena.
    Con voluntad conforme
las proas contra tí se dan al viento;
y con clamor deforme
de pavoroso acento
avivan del remar el movimiento.
    Y la infernal Meguera
la frente de ponzoña rodeada
guía la delantera
de la morisca armada
de llamas, de furor, de muerte airada.
    ¡Cielos! so cuyo amparo
España está, merced en tanta afrenta;
si ya este suelo caro
os fué, nunca consienta
vuestra piedad que un mal tan crudo sienta.
    Mas ¡ay! que la sentencia
en tablas de diamante está esculpida.
Del Godo la potencia
por el suelo caída,
España en breve tiempo es destruída.
    ¿Cuál río caudaloso

que los opuestos muelles ha rompido
con sonido espantoso,
por los campos tendido,
tan presto y tan feroz jamás se vido?
   Mas cese el triste llanto,
recobre el español su bravo pecho,
que ya el Apóstol Santo
un otro Marte hecho,
del cielo viene a darle su derecho.
   Vesle de limpio acero
cercado, y con espada relumbrante,
como un rayo ligero
cuanto le va delante
destroza y desbarata en un instante.
   Del grave espanto herido
los rayos de su vista no sostiene
el moro descreído;
por valiente se tiene
cualquier que para huir ánimo tiene.
   Como león hambriento,
sigue, teñida en sangre espada y mano,
de más sangre sediento,
al moro que huye en vano;
de muertos queda lleno el monte, el llano.
   Huye, si puedes tanto,
huye...por demás es, que no hay huída;
bebe dolor y llanto
por la misma medida
con que de tí ya España fué medida.
   ¡Oh gloria, oh gran prez nuestra,
escudo fiel, oh celestial guerrero!
vencido ya se muestra
el africano fiero

por tí, tan orgulloso de primero.
    Por tí del vituperio,
por tí de la afrentosa servidumbre
y triste cautiverio
libres en clara lumbre,
y de la gloria estamos en la cumbre.
    Siempre venció tu espada,
o fuese de tu mano poderosa,
o fuese meneada
de aquella generosa
que sigue tu milicia religiosa.
    Las enemigas haces
no sufren de tu nombre el apellido·
con sólo aqueste haces
que el español oído
sea, y de un polo a otro tan temido.
    De tu virtud divina
la fama, que resuena en toda parte,
siquiera sea vecina,
siquiera más se aparte,
a las gentes conduce a visitarte.
    El áspero camino
vence con devoción, y al fin te adora
el franco, el peregrino
que Libia descolora,
el que en poniente, el que en levante mora.

A TODOS LOS SANTOS

    ¿Qué santo, o qué gloriosa
virtud, qué deidad que el cielo admira,
¡oh musa poderosa
en la cristiana lira!
diremos entre tanto que retira

El sol con presto vuelo
el rayo fugitivo en este día,
que hace alarde el cielo
de su caballería?
¿qué nombre entre estas breñas a porfía
    Repetirá sonando
la imágen de la voz, en la manera
el aire deleitando,
que el Efrateo hiciera
del sacro y verde Hermón por la ladera?

Ado ceñido el oro
crespo de verde hiedra, la montaña
condujo con sonoro
laud, con fuerza y maña
del oso y del león domó la saña.

    Pues ¿quién diré primero,
que el Alto y que el Humilde, que la vida
por el manjar grosero
restituyó perdida,
que al cielo levantó nuestra caída?

    Igual al Padre Eterno,
igual al que en la tierra nace y mora,
de quien tiembla el infierno,
a quien el sol adora,
en quien todo el ser vive y se mejora.

    Después el vientre entero,
la Madre de esta luz será cantada,
clarísimo lucero
en esta mar turbada,
del linaje humanal fiel abogada.

    Espíritu divino,
no callaré tu voz, tu pecho opuesto
contra el dragón malino;

ni tú en olvido puesto,
que a defender mi vida estás dispuesto;
    Osado en la promesa,
Barquero de la barca no sumida,
a tí mi voz profesa;
y a tí, que la lucida
noche te traspasó de muerte a vida.
    ¿Quién no dirá tu lloro,
tu bien trocado amor, oh Magdalena?
de tu nardo el tesoro,
de cuyo olor la ajena
casa, la redondez del mundo es llena?
    Del Nilo moradora
tierna flor de saber y de pureza,
de tí yo canto agora,
que en la desierta alteza
muerta luce tu vida y fortaleza.
    ¿Diré el rayo africano?
¿diré el Stridonés sabio elocuente?
¿o del panal romano,
o del que justamente
nombraron Boca de Oro entre la gente?
    Columna ardiente en fuego
el firme y gran Basilio al cielo toca,
mayor que el miedo y ruego;
y ante su rica boca
la lengua de Demóstenes se apoca.
    Cual árbol con los años
la gloria de Francisco sube y crece,
y entre mil ermitaños
el claro Antón parece
luna que en las estrellas resplandece.
    ¡Ay, Padre! ¿y dó se ha ido

aquel raro valor? ¡ay! ¿qué malvado
el oro ha destruído
de tu templo sagrado?
¿quién zizañó tan mal tu buen sembrado?
   Adonde la azucena
lucía, y el clavel, do el rojo trigo,
reina agora la avena,
la grama, el enemigo
cardo, la sin justicia, el falso amigo.
   Convierte piadoso
tus ojos, y nos mira; y con tu mano
arranca poderoso
lo malo y lo tirano,
y planta aquello antiguo, humilde y llano.
   Da paz a aqueste pecho
que hierve con dolor en noche escura,
que fuera de este estrecho
diré con más dulzura
tu nombre, tu grandeza y tu hermosura.
   No niego, dulce amparo
del alma, que mis males son mayores
que aqueste desamparo;
mas cuanto son peores
tanto resonarán más tus loores.

DE LA MAGDALENA

   Elisa, ya el preciado
cabello que del oro escarnio hacía
la nieve ha variado:
¡ay! ¿yo no te decía:
recoge, Elisa, el pié que vuela el día?
   Ya los que prometían
durar en tu servicio eternamente,

ingratos se desvían,
por no mirar la frente
con rugas, y afeado el negro diente.
    ¿Qué tienes del pasado
tiempo sino dolor? ¿cuál es el fruto,
que tu labor te ha dado,
sino es tristeza y luto,
y el alma hecha sierva al vicio bruto?
    ¿Qué fe te guarda el vano,
por quien tú no guardaste la debida
a tu bien soberano;
por quien mal proveída
perdiste de tu seno la querida
    Prenda; por quien velaste;
por quien ardiste en celos; por quien uno
el cielo fatigaste
con gemido importuno;
por quien nunca tuviste acuerdo alguno
    De tí misma? Y agora
rico de tus despojos, más ligero
que el ave huye, y adora
a Lida el lisonjero,
tú quedas entregada al dolor fiero.
    ¡Oh cuánto mejor fuera
el don de la hermosura que del cielo
te vino, a cuyo era
habello dado en velo
santo, guardado bien del polvo y suelo!
    Mas hora no hay tardía,
tanto nos es el cielo piadoso
mientras que dura el día;
el pecho hervoroso
en breve del dolor saca reposo.

Que la gentil señora
de Mágdalo, bien que perdidamente
dañada, en breve hora
con el amor ferviente
las llamas apagó del fuego ardiente,
    Las llamas del malvado
amor con otro amor más encendido:
y consiguió el estado,
que no fué concedido
al huésped arrogante en bien fingido.
    De amor guiada, y pena,
penetra el techo extraño, y atrevida
ofrécese a la ajena
presencia, y sabia olvida
el ojo mofador, busca la vida.
    Y toda derrocada
a los divinos piés que la traían,
lo que la en sí fiada
gente olvidado habían,
sus manos, boca y ojos lo hacían.
    Lavaba, larga en lloro,
al que su torpe mal lavando estaba;
limpiaba con el oro
que la cabeza ornaba
a la limpieza, y paz a su paz daba.
    Decía: solo amparo
de la miseria, extrema medicina
de mi salud, reparo
de tanto mal, inclina
a aqueste cieno tu piedad divina.
    ¡Ay! ¿qué podrá ofrecerte
quien todo lo perdió? aquestas manos
osadas de ofenderte,

aquestos ojos vanos
te ofrezco, y estos labios tan profanos.
   La que sudó en tu ofensa,
trabaje en tu servicio, y de mis males
proceda mi defensa;
mis ojos, dos mortales
fraguas, dos fuentes sean manantiales.
   Bañen tus piés mis ojos,
límpienlos mis cabellos, dé tormento
mi boca, y red de enojos,
les dé besos sin cuento;
y lo que me condena te presento.
   Preséntote un sujeto
tan mortalmente herido, cual conviene,
do un médico perfecto
de cuanto saber tiene
dé muestra, que por siglos mil resuene.

A NUESTRA SEÑORA

   Virgen, que el sol más pura,
gloria de los mortales, luz del cielo,
en quien es la piedad como la alteza,
los ojos vuelve al suelo,
y mira un miserable en cárcel dura
cercado de tinieblas y tristeza;
y si mayor bajeza
no conoce, ni igual, el juicio humano,
que el estado en que estoy por culpa ajena,
con poderosa mano
quiebra, Reina del cielo, la cadena.
   Virgen, en cuyo seno
halló la Deidad digno reposo,
do fué el rigor en dulce amor trocado,

si blando al riguroso
volviste, bien podrás volver sereno
un corazón de nubes rodeado;
descubre el deseado
rostro, que admira el cielo, el suelo adora;
las nubes huirán, lucirá el día,
tu luz, alta Señora,
venza esta ciega y triste noche mía.
　　Virgen y madre junto,
de tu Hacedor dichosa engendradora,
a cuyos pechos floreció la vida,
mira cómo empeora,
y crece mi dolor más cada punto;
el odio cunde, la amistad se olvida;
si no es de tí valida
la justicia y verdad que tú engendraste,
¿adónde hallará seguro amparo?
y pues madre eres, baste
para contigo el ver mi desamparo.
　　Virgen del sol vestida,
de luces eternales coronada,
que huellas con divinos piés la luna;
envidia emponzoñada,
engaño agudo, lengua fementida,
odio cruel, poder sin ley ninguna
me hacen guerra a una;
pues contra un tal ejército maldito,
¿cuál pobre y desarmado será parte,
si tu nombre bendito,
María, no se muestra por mi parte?
　　Virgen, por quien vencida
llora su perdición la sierpe fiera
su daño eterno, su burlado intento;

miran de la ribera
seguras, muchas gentes mi caída,
el agua vïolenta el flaco aliento,
los unos con contento,
los otros con espanto, el más piadoso
con lástima la inútil voz fatiga;
yo, puesto en tí el lloroso
rostro, cortando voy la onda enemiga.

Virgen, del Padre Esposa,
dulce Madre del Hijo, templo santo
del inmortal Amor, del hombre escudo,
no veo sino espanto;
si miro la morada, es peligrosa;
si la salida, incierta; el favor mudo,
el enemigo crudo,
desnuda la verdad, muy proveída
de armas y valedores la mentira:
la miserable vida
sólo cuando me vuelvo a tí respira.

Virgen, que al alto ruego
no más humilde *Sí* diste que honesto,
en quien los cielos contemplar desean;
como terrero puesto,
los brazos presos, de los ojos ciego,
a cien flechas estoy que me rodean,
que en herirme se emplean;
siento el dolor, mas no veo la mano,
ni me es dado el huir ni el escudarme;
quiera tu soberano
Hijo, Madre de amor, por tí librarme.

Virgen, lucero amado,
en mar tempestuosa clara guía,
a cuyo santo rayo calla el viento,

mil olas a porfía
hunden en el abismo un desarmado
leño de vela y remo, que sin tiento
el húmedo elemento
corre; la noche carga, el aire truena;
ya por el suelo va, ya el cielo toca,
gime la rota antena;
socorre antes que embista en dura roca.

Virgen, no inficionada
de la común mancilla y mal primero
que al humano linaje contamina,
bien sabes que en tí espero
desde mi tierna edad; y si malvada
fuerza, que me venció, ha hecho indina
de tu guarda divina
mi vida pecadora, tu clemencia
tanto mostrará más su bien crecido,
cuanto es más la dolencia,
y yo merezco menos ser valido.

Virgen, el dolor fiero
anuda ya la lengua, y no consiente
que publique la voz cuanto desea;
mas oye tú al doliente
ánimo que contino a tí vocea.

ESPERANZAS BURLADAS

Huid, contentos, de mi triste pecho.
¿Qué engaño os vuelve a do nunca pudistes
tener reposo ni hacer provecho?
Tened en la memoria cuando fuistes
con público pregón ¡ay! desterrados
de toda mi comarca y reinos tristes.

Ado ya no veréis sino nublados,
y viento, y torbellino y lluvia fiera,
suspiros encendidos y cuidados.

No pinta el prado aquí la primavera,
ni nuevo sol jamás las nubes dora,
ni canta el ruiseñor lo que antes era.

La noche aquí se vela, aquí se llora
el día miserable sin consuelo,
y vence el mal de ayer el mal de agora.

Guardad vuestro destierro, que ya el suelo
no puede dar contento al alma mía,
si ya mil vueltas diere andando el cielo.

Guardad vuestro destierro, si alegría,
si gozo, y si descanso andáis sembrando,
que aqueste campo abrojos sólo cría.

Guardad vuestro destierro, si tornando
de nuevo, no queréis ser castigados
con crudo azote y con infame bando.

Guardad vuestro destierro, que olvidados
de vuestro ser en mí seréis dolores;
tal es la fuerza de mis duros hados.

Los bienes más queridos y mayores
se mudan, y en mi daño se conjuran,
y son por ofenderme a sí traidores.

Mancíllanse mis manos si se apuran,
la paz y la amistad me es cruda guerra;
las culpas faltan, mas las penas duran.

Quien mis cadenas más estrecha y cierra
es la memoria mía, y la pureza;
cuando ella sube, entonces vengo a tierra.

Mudó su ley en mí naturaleza,
y pudo en mi dolor lo que no entiende
ni seso humano, ni mayor viveza.

Cuanto desenlazarse más pretende
el pájaro cautivo, más se enliga,
y la defensa mía más me ofende.

En mí la ajena culpa se castiga,
y soy del malhechor ¡ay! prisionero,
y quieren que de mí la fama diga;

Dichoso el que jamás ni ley, ni fuero,
ni el alto tribunal, ni las ciudades,
ni conoció del mundo el trato fiero;

Que por las inocentes soledades
recoge el pobre cuerpo en vil cabaña,
y el ánimo enriquece con verdades.

Cuando la luz el aire y tierras baña,
levanta al puro sol las manos puras,
sin que se las aplomen odio y saña.

Sus noches son sabrosas y seguras,
la mesa le bastece alegremente
el campo, que no rompen rejas duras.

Lo justo le acompaña, y la luciente
verdad, la sencillez en pechos de oro,
la fe no colorada falsamente.

De ricas esperanzas almo coro,
y paz con su descuido le rodean,
y el gozo cuyos ojos huye el lloro.

Allí contento tus miradas sean,
allí te lograrás; y yo a cada uno
de aquellos que de mí saber desean,
les dí que no me viste en tiempo alguno.

AL SALIR DE LA CÁRCEL

Aquí la envidia y mentira
me tuvieron encerrado;
dichoso el humilde estado

del sabio que se retira
de aqueste mundo malvado,
y con pobre mesa y casa
en el campo deleitoso,
con solo Dios se compasa,
y a solas su vida pasa
ni envidiado ni envidioso.

SONETOS

Agora con la aurora se levanta
mi luz, agora coge en rico nudo
el hermoso cabello, agora el crudo
pecho ciñe con oro, y la garganta.

Agora vuelta al cielo pura y santa
las manos y ojos bellos alza, y pudo
dolerse agora de mi mal agudo;
agora incomparable tañe y canta.

Ansí digo, y del dulce error llevado,
presente ante mis ojos la imagino,
y lleno de humildad y amor la adoro.

Mas luego vuelve en sí el engañado
ánimo, y conociendo el desatino,
la rienda suelta largamente al lloro.

¡Oh cortesía, oh dulce acogimiento,
oh celestial saber, oh gracia pura,
oh de valor dotado y de dulzura,
pecho real y honesto pensamiento!

¡Oh luces del amor querido asiento,
oh boca donde vive la hermosura,
oh habla suavísima, oh figura
angelical, oh mano, oh sabio acento!

Quien tiene en solo vos atesorado
su gozo y vida alegre, y su consuelo,

su bienaventurada y rica suerte:
   Cuando de vos se viere desterrado,
¡ay! ¿qué le quedará sino recelo,
v noche y amargor, y llanto y muerte?

   Amor casi de un vuelo me ha encumbrado
adonde no llegó ni el pensamiento;
mas toda esta grandeza de contento
me turba y entristece este cuidado.
   Que temo que no venga derrocado
al suelo por faltarle fundamento;
que en lo que breve sube en alto asiento,
suele desfallecer apresurado.
   Mas luego me consuela y asegura
el ver que soy, señora ilustre, obra
de vuestra sola gracia, y en vos fío:
   Porque conservaréis vuestra hechura,
mis faltas supliréis con vuestra sobra,
y vuestro bien hará durable el mío.

   Alargo enfermo el paso, y vuelvo cuanto
alargo el paso atrás el pensamiento;
no vuelvo, que antes siempre miro atento
la causa de mi gozo y de mi llanto.
   Allí estoy firme y quedo, mas en tanto
llevado del contrario movimiento,
cual hace el extendido en el tormento,
padezco fiero mal, fiero quebranto.
   En partes pues diversas dividida
el alma, por huir tan cruda pena,
quisiera dar ya al suelo estos despojos.
   Gime, suspira y llora desvalida
y en medio del llorar sólo esto suena,
¿cuándo volveré, Nise, a ver tus ojos?

Después que no descubren su lucero
mis ojos lagrimosos noche y día,
llevado del error, sin vela y guía,
navego por un mar amargo y fiero.

El deseo, la ausencia, el carnicero
recelo, y de la ciega fantasía
las olas más furiosas a porfía
me llegan al peligro postrimero.

Aquí una voz me dice, cobre aliento,
señora, con la fe que me habéis dado,
y en mil y mil maneras repetido.

Mas ¿cuánto de esto allá llevado ha el viento?
respondo; y a las olas entregado,
el puerto desespero, el hondo pido.

Mucho a la Majestad sagrada agrada
que atienda a quien está el cuidado dado,
que es el reino de acá prestado estado,
pues es al fin de la jornada nada.

La silla real por afamada amada,
el más sublime, el más pintado hado
se ve en sepulcro encarcelado, helado,
su gloria al fin por desechada echada.

El que ve lo que acá se adquiere quiere,
y cuanto la mayor ventura tura,
mire que a reina tal sotierra tierra.

Y si el que ojos hoy tuviere, viere,
pondrá ¡oh mundo! en tu locura cura,
pues el que fía en bien de tierra yerra.

DEL CONOCIMIENTO DE SÍ MISMO
Canción

En el profundo del abismo estaba
del no ser encerrado y detenido,
sin poder ni saber salir afuera,
y todo lo que es algo en mí faltaba,
la vida, el alma, el cuerpo y el sentido,
y en fin, mi ser no ser entonces era,
y así de esta manera
estuve eternalmente,
nada visible y sin tratar con gente,
en tal suerte que aun era muy más buena
del ancho mar la más menuda arena,
y el gusanillo de la gente hollado
un Rey era, conmigo comparado.

Estando pues en tal tiniebla escura
volviendo ya con curso presuroso
el sexto signo el estrellado cielo,
miró el gran Padre, Dios, de la natura,
y vióme en sí benigno y amoroso,
y sacóme a la luz de aqueste suelo;
visitóme de este velo
de flaca carne y hueso;
mas dióme el alma, a quien hubiera peso
que impidiera llegar a la presencia
de la divina e inefable esencia,
si la primera culpa no agravara
su ligereza, y alas derribara.

¡Oh culpa amarga! ¡y cuánto bien quitaste
al alma ·mía! ¡cuánto mal hiciste!
luego que fué criada, y junto infusa,
tú de gracia y justicia la privaste,

y al mismo Dios contraria la pusiste,
ciega, enemiga, sin favor, confusa:
por tí siempre rehusa
el bien, y la molesta
la virtud, y a los vicios está presta;
por tí la fiera muerte ensangrentada,
por tí toda miseria tuvo entrada,
hambre, dolor, gemido, fuego, invierno,
pobreza, enfermedad, pecado, infierno.
    Así que en los pañales del pecado
fuí (como todos) luego al punto envuelto,
y con la obligación de eterna pena,
con tanta fuerza, y tan estrecho atado,
que no pudiera de ella verme suelto
en virtud propia, ni en virtud ajena,
sino de aquella, llena
de pïedad, tan fuerte
bondad, que con su muerte a nuestra muerte
mató, y gloriosamente hubo deshecho,
rompiendo el amoroso y sacro pecho,
de donde mana soberana fuente
de gracia y de salud a toda gente.
    En esto plugo a la bondad inmensa,
darme otro ser más alto que tenía,
bañándome en el agua consagrada;
quedó con esto limpia de la ofensa,
graciosísima y bella el alma mía,
de mil bienes y dones adornada;
en fin, cual desposada
con el Rey de la gloria.
¡Oh cuán dulce y suavísima memoria!
allí la recibió por cara esposa,
y allí le prometió de no amar cosa

fuera de él, o como él mientras viviese,
¡oh si (de hoy más siquiera) lo cumpliese!
   Crecí después, y fuí en edad entrando,
llegué a la discreción con que debiera
entregarme a quien tanto había dado;
y en vez de esto, la lealtad quebrando
que en el bautismo sacro prometiera,
y con mi propio nombre había firmado,
aun no hubo bien llegado
el deleite vicioso
del cruel enemigo venenoso,
cuando con todo dí en un punto al traste.
¿Hay corazón tan duro en sí, que baste
a no romperse dentro en nuestro seno
de pena el mío, de lástima el ajeno?
   Más que la tierra queda tenebrosa
cuando su claro rostro el sol ausenta,
y a bañar lleva al mar su carro de oro;
más estéril, más seca y pedregosa,
que cuando largo tiempo está sedienta,
quedó mi alma sin aquel tesoro,
por quién yo plaño y lloro,
y hay que llorar contino,
pues que quedé sin luz del sol divino,
y sin aquel rocío soberano
que obraba en ella el celestial verano,
ciega, disforme, torpe, y a la hora
hecha una vil esclava de señora.
   ¡Oh Padre inmenso! que inmovible estando
das a las cosas movimiento y vida,
y las gobiernas tan suavemente!
¿qué amor detuvo tu justicia, cuando
mi alma, tan ingrata y tan atrevida

dejando a Tí, del bien eterno fuente,
con ansia tan ardiente
en aguas detenidas
de cisternas corruptas y podridas,
se echó de pechos ante tu presencia?
¡Oh divina y altísima clemencia!
¡que no me despeñases al momento
en el lago profundo del tormento!
　　Sufrióme entonces tu piedad divina,
y sacóme de aquel hediondo cieno,
do sin sentir aun el hedor estaba
con falsa paz el ánima mezquina,
juzgando por tan rico y tan sereno
el miserable estado que gozaba,
que sólo deseaba
perpetuo aquel contento:
pero sopló a deshora un manso viento
del espíritu eterno, y enviando
un aire dulce al alma, fué llevando
la espesa niebla que la luz cubría,
dándole un claro y muy sereno día.
　　Vió luego de su estado la vileza,
en que guardando inmundos animales
de su tan vil manjar aún no se hartara:
vió el fruto del deleite y de torpeza
ser confusión y penas tan mortales;
temió la recta y no doblada vara,
y la severa cara
de aquel Juez sempiterno:
la muerte, juicio, gloria, fuego, infierno,
cada cual acudiendo por su parte,
la cercan con tal fuerza y de tal arte,
que quedando confuso y temeroso,

temblando estaba sin hallar reposo.
   Ya que, en mí vuelto, sosegué algún tanto
en lágrimas bañando el pecho y suelo,
y con suspiros abrasando el viento,
Padre piadoso, dije, Padre santo,
benigno Padre, Padre de consuelo,
perdonad, Padre, aqueste atrevimiento.
A Vos vengo aunque siento
(de mí mismo corrido)
que no merezco ser de Vos oído:
mas mirad las heridas que me han hecho
mis pecados, cuán roto y cuán deshecho
me tienen, y cuán pobre y miserable,
ciego, leproso, enfermo, lamentable.
   Mostrad vuestras entrañas amorosas
en recibirme agora y perdonarme,
pues es, benigno Dios, tan propio vuestro
tener piedad de todas vuestras cosas;
y si os place, Señor, de castigarme,
no me entreguéis al enemigo nuestro:
a diestro y a siniestro,
tomad Vos la venganza,
herid en mí con fuego, azote y lanza;
cortad, quemad, romped sin duelo alguno,
atormentad mis miembros de uno a uno
con que después de aqueste tal castigo
volváis a ser, mi Dios, mi buen amigo.
   Apenas hube dicho aquesto, cuando
con los brazos abiertos me levanta,
y me otorga su amor, su gracia y vida;
y a mis males y llagas aplicando
la medicina soberana y santa,
a tal enfermedad constituída,

me deja sin herida
de todo punto sano
pero con las señales del tirano
hábito, que iba ya en naturaleza
volviéndose, y con una tal flaqueza,
que aunque sané del mal y su accidente,
diez años há que soy convaleciente.

EPITAFIO

Al túmulo del Príncipe Don Carlos

Aquí yacen de Carlos los despojos,
la parte principal volviose al cielo;
con ella fué el valor; quedole al suelo
miedo en el corazón, llanto en los ojos.

CANCIÓN A LA MUERTE DEL MISMO

Quien viere el suntuoso
túmulo al alto cielo levantado
de luto rodeado,
de lumbres mil copioso,
si se para a mirar quién es el muerto;
será desde hoy bien cierto,
que no podrá en el mundo bastar nada
para estorbar la fiera muerte airada.
Ni edad, ni gentileza,
ni sangre real antigua y generosa,
ni de la más gloriosa
corona la belleza,
ni fuerte corazón, ni muestras claras

de altas virtudes raras,
ni tan gran padre, ni tan grande abuelo
que llenan con su fama tierra y cielo.
   ¿Quién ha de estar seguro,
pues la fénix que sola tuvo el mundo,
y otro Carlos segundo
nos lleva el hado duro?
y vimos sin color su blanca cara,
a su España tan cara,
como la tierna rosa delicada,
que fué sin tiempo, y sin sazón cortada.
   Ilustre y alto mozo,
a quien el cielo dió tan corta vida,
que apenas fué sentida,
fuiste muy breve gozo,
y ahora luengo llanto de tu España,
de Flandes y Alemaña,
Italia, y de aquel mundo nuevo y rico,
con quien cualquier Imperio es corto y chico.
   No temas que la muerte
vaya de tus despojos vitoriosa,
antes irá medrosa
de tu espíritu fuerte,
de las hazañas ínclitas que hicieras,
los triunfos que tuvieras,
y vió que a no perderte se perdía,
y así el mismo temor le dió osadía.

DEL MUNDO Y SU VANIDAD

   Los que tenéis en tanto
la vanidad del mundanal rüido,
cual áspide al encanto

del mágico temido,
podréis tapar el contumaz oído.
   ¿Por qué mi ronca musa
en lugar de cantar como solía,
tristes querellas usa
y a sátira la guía
del mundo la maldad y tiranía?
   Escuchen mi lamento
los que cual yo tuvieren justas quejas,
que bien podrá su acento
abrasar las orejas,
rugar la frente y enarcar las cejas.
   Mas no podrá mi lengua
sus males referir ni comprendellos,
ni sin quedar con mengua
la menor parte de ellos,
aunque se vuelvan lenguas mis cabellos.
   Pluguiera a Dios que fuera
igual a la experiencia el desengaño
que dárosle pudiera,
porque (si no me engaño)
naciera gran provecho de mi daño.
   No condeno del mundo
la máquina, pues es de Dios hechura,
en sus abusos fundo
la presente escritura,
cuya verdad el campo me asegura.
   Inciertas son sus leyes,
incierta su medida y su balanza,
sujetos son los reyes,
y el que menos, alcanza
a miserable y súbita mudanza.
   No hay cosa en él perfeta;

en medio de la paz arde la guerra,
que al alma más quieta
en los abismos cierra,
y de su patria celestial destierra.
    Es caduco y mudable,
y en solo serlo más que peña firme,
en el bien variable,
porque verdad confirme
y con decillo su maldad afirme.
    Largas sus esperanzas,
y para conseguir el tiempo breve,
penosas las mudanzas
del aire, sol y nieve,
que en nuestro daño el cielo airado mueve.
    Con rigor enemigo
todas las cosas entre sí pelean,
mas el hombre consigo,
contra él todas se emplean
y toda perdición suya desean.
    La soledad huída
es de los por quien fué más alabada:
la trápala seguida,
y con sudor comprada
de aquéllos por quien fué menospreciada.
    La pobreza envidiosa
la riqueza de todos envidiada,
mas ésta no reposa
para ser conservada,
ni puede aquélla tener gusto en nada.
    Es el mayor amigo
espejo más de alinde en que nos vemos,
en presencia testigo
del bien que no tenemos,

y en ausencia del mal que no hacemos.
  Pródigo en prometernos,
y en cumplir tus promesas, mundo, avaro,
tus cargos y gobiernos
nos enseñan bien claro
que es tu mayor placer, de balde, caro.
  Guay del que los procura,
pues hace la prisión adonde queda
en servidumbre dura,
cual gusano de seda,
que en su delgada fábrica se enreda.
  Porque el mejor es cargo
y muy pesado de llevar agora,
y después más amargo,
pues perdéis a deshora
su breve gusto que sin fin se llora.
  Tal es la desventura
de nuestra vida y la miseria de ella,
que es próspera ventura
nunca jamás tenella
con justo sobresalto de perdella.
  ¿De dó, señores, nace
que nadie de su estado está contento,
y más le satisface
al libre el casamiento,
y al que es casado el libre pensamiento?
  ¡Oh dichosos tratantes!
(ya quebrantado del pesado hierro
escapado denantes
por acertado yerro
dice el soldado en áspero destierro)
  Que pasáis vuestra vida
muy libre ya de trabajosa pena,

segura la comida,
y mucho más la cena,
llena de risa y de pesar ajena.
   ¡Oh dichoso soldado!
(responde el mercader, de ese espacioso
mar en alto llevado)
que gozas del reposo
con presta muerte, o con vencer gozoso.
   Del rústico villano
la vida con razón envidia y ama
el consulto tirano,
cuando desde su cama
oye la voz del consultor que llama;
   El cual por la fianza
del campo a la ciudad por él llevado,
llama sin esperanza
del buey y corvo arado
al ciudadano bienaventurado.
   Y no sólo sujetos
los hombres viven a miserias tales,
que por ser mas perfetos
lo son todos sus males,
sino también los brutos animales.
   Del arado quejoso
el perezoso buey pide la silla,
y el caballo brïoso
(mira ¡qué maravilla!)
querría más arar que no sufrilla.
   Y lo que más admira,
mundo cruel, de tu costumbre mala,
es ver como el que aspira
al bien que le señala
su mesma inclinación, luego resbala.

Pues no tan presto llega
el término por él tan deseado,
cuando es de torpe y ciega
voluntad despreciado,
o de fortuna en tierno agraz cortado.

Bastáranos la prueba
que en otros tiempos ha la muerte hecho,
sin la funesta nueva
de Don Juan, cuyo pecho
alevemente de ella fué deshecho,

Con lágrimas de fuego
hasta quedar en ellas abrasado,
o por lo menos ciego
de miserias llorado,
viniese a ser de todos consolado.

La rigurosa muerte
del bien de los cristianos envidiosa
rompió de un golpe fuerte
la esperanza dichosa,
y del infiel la pena temerosa.

Mas porque de cumplida
gloria no goce, de morir tal hombre
la gente descreída,
tu muerte los asombre
con sólo la memoria de tu nombre,

Sientan lo que sentimos,
su gloria vaya con pesar mezclada,
acuérdense que vimos
la mar acrecentada
con su sangre vertida y no vengada.

La grave desventura
del Lusitano por su mal valiente,
la soberbia bravura

de su bisoña gente
desbaratada miserablemente,
  Siempre debe llorarse,
si como manda la razón se llora,
mas no podrá jactarse
la parte vencedora,
pues reyes dió por rey la gente mora.
  Así que nuestra pena
no les pudo causar perpetua gloria,
pues siendo toda llena
de sangrienta memoria
no se puede llamar buena victoria.
  Callo las otras muertes
de tantos reyes en tan pocos días,
cuyas fúnebres suertes
fueron anatomías,
que liquidar podrán las peñas frías.
  Sin duda cosas tales,
que en nuestro daño todas se conjuran,
de venideros males
muestras nos aseguran,
y al fin universal nos apresuran.
  ¡Oh ciego desatino!
que llevas nuestras almas encantadas
por áspero camino,
por partes desusadas
al reino del olvido condenadas.
  Sacude con presteza
del leve corazón el grave sueño,
y la tibia pereza
que con razón desdeño,
y al ejercicio aspira que te enseño.
  Soy hombre piadoso

de tu mesma salud, que va perdida,
sácala del penoso
trance do está metida,
evitarás la natural caída.
    A la cual nos inclina
la justa pena del primer bocado:
mas en la rica mina
del inmortal costado,
muerto de amor, serás vivificado.

www.ingramcontent.com/pod-product-compliance
Ingram Content Group UK Ltd.
Pitfield, Milton Keynes, MK11 3LW, UK
UKHW042148280225
455719UK00001B/188

9 781107 651517